BEI GRIN MACHT SICH IHR WISSEN BEZAHLT

AF130463

- Wir veröffentlichen Ihre Hausarbeit, Bachelor- und Masterarbeit

- Ihr eigenes eBook und Buch - weltweit in allen wichtigen Shops

- Verdienen Sie an jedem Verkauf

Jetzt bei www.GRIN.com hochladen und kostenlos publizieren

Deep Learning. Eigenschaften und Lernalgorithmen für rekurrente Netze

Frederico Gonzales

Bibliografische Information der Deutschen Nationalbibliothek:

Die Deutsche Nationalbibliothek verzeichnet diese Publikation in der Deutschen Nationalbibliografie; detaillierte bibliografische Daten sind im Internet über http://dnb.d-nb.de abrufbar.

ISBN: 9783389025659
Dieses Buch ist auch als E-Book erhältlich.

© GRIN Publishing GmbH
Trappentreustraße 1
80339 München

Druck und Bindung: Books on Demand GmbH, Norderstedt Germany
Gedruckt auf säurefreiem Papier aus verantwortungsvollen Quellen

Das vorliegende Werk wurde sorgfältig erarbeitet. Dennoch übernehmen Autoren und Verlag für die Richtigkeit von Angaben, Hinweisen, Links und Ratschlägen sowie eventuelle Druckfehler keine Haftung.

Das Buch bei GRIN: https://www.grin.com/document/1474296

AKAD University Stuttgart

Heilbronner Straße 86
70191 Stuttgart

Assignment

Eigenschaften und Lernalgorithmen
für rekurrente Netze

Studiengang: Wirtschaftsingenieurwesen – Master of Engineering

Modul: KOM80

Vorgelegt am: 26.03.2024

Inhalt

Abbildungsverzeichnis

Abkürzungsverzeichnis

BRNN	Bidirektionale Rekurrente Neuronale Netze
GRU	Gated Recurrent Units
KNN	Künstliche Neuronale Netze
LSTM	Long Short-Term Memory
RNN	Rekurrente Neuronale Netzwerke

1 Einleitung

1.1 Problemstellung und Methodik

In der heutigen digitalen Ära werden Technologien wie Deep Learning sowie die Rekurrenten Neuronalen Netzwerke zunehmend bedeutsamer in verschiedenen Anwendungsbereichen des maschinellen Lernens. Die vorliegende Arbeit bietet einen fundierten Einblick in die Grundlagen dieser Technologien, ihre Funktionsweise, Anwendung sowie Herausforderung.

Deep Learning wird oftmals fälschlicherweise als Synonym für Künstliche Intelligenz angesehen. Jedoch stellt es lediglich ein Teilbereich hiervon dar und ist bedeutsam in der Verarbeitung komplexer Daten. Trotz der Fortschritte auf diesem Gebiet stößt der derzeitige Stand der Technik auf Herausforderungen während des Trainings von den Künstlichen Neuronalen Netzwerken.

Das Assignment fokussiert die Rekurrenten Neuronalen Netzwerke, die eine Architekturform der Künstlichen Neuronalen Netze darstellt. Zu Beginn werden die Grundlagen des Themengebiets erläutert. Für ein verbessertes Verständnis für diese Thematik ist es erforderlich, Begrifflichkeiten wie Deep Learning sowie Rekurrente Neuronale Netze einzuordnen. Fortgeführt werden die Grundlagen mit der Vorstellung der Trainingsmethoden solcher KNNs. Dabei wird der Fokus auf das Gradientenverfahren sowie dessen Herausforderung gelegt. Im weiterführenden Kapitel findet eine kurze Diskussion über die Arten von rekurrenten Netzen statt. Aufgrund der Aufgabenstellung wird der Fokus auf die Long Short-Term Memory gelegt. In diesem Kapitel wird auf den Aufbau sowie die Anwendungsbereiche detailliert eingegangen. Anhand von Beispielen wird der Algorithmus erläutert. Abgeschlossen wird die Arbeit mit einer kurzen Zusammenfassung sowie einem Ausblick.

1.2 Ziel

Das übergeordnete Ziel dieser Arbeit ist es, ein umfassendes Verständnis für Deep Learning sowie RNNs zu vermitteln sowie den aktuellen Stand der Forschung und Eigenschaften von Lernalgorithmen der rekurrenten Netze aufzuzeigen.

2 Grundlagen

2.1 Deep Learning – Neuronale Netzwerke

Deep Learning ist kein Synonym für Künstliche Intelligenz sondern ein Bereich des Maschinellen Lernens und ist eine spezielle Form von künstlichen neuronalen Netzen. Die Neuronen-Schichten sind sequenziell miteinander verbunden und sind dem menschlichen Gehirn nachempfunden.[1] Dieses Modell der verbundenen Neuronen ermöglicht es, komplexe Aufgaben aus den Bereichen Statistiken, Informatik sowie Wirtschaft computerbasierend zu lösen. Die neuronalen Netze können verschiedene Arten von Datenquellen wie Bilder, Töne, Texte, Tabellen sowie Zahlenreihen verarbeiten, um anschließend Informationen sowie Muster zu extrahieren. Außerdem können Vorhersagen auf Grundlage der Eingangsdaten getätigt werden. Prinzipiell sind die Neuronen in Schichten organisiert (Eingabeschicht, verborgene Schicht sowie Ausgabeschicht). Jedes Neuron empfängt und verarbeitet die Informationen aus der vorherigen Schicht. Die Abbildung 1 zeigt einen schematischen Aufbau eines solchen Netzwerkes.[2]

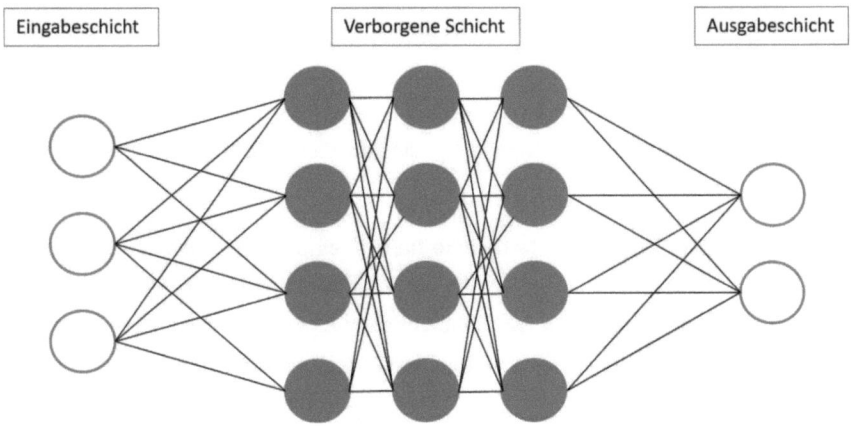

Abbildung 1: Schematischer Aufbau Neuronaler Netzwerke[3]

---

[1] Vgl. (Lang, 2022 S. 178)
[2] Vgl. (Wuttke, o.J.)
[3] Eigene Darstellung in Anlehnung an (Wuttke, o.J.)

Das gezeigt Netzwerk besteht aus Knoten, auch Neuronen genannt, die Informationen von anderen oder auch externen Quellen empfangen, verarbeiten und einen Output generieren. Dieser Prozess erfolgt über drei verschiedene Schichten:[4]

Eingabeschicht

Die Eingabeschicht stellt dem neuronalen Netz die erforderliche Information zur Verfügung. Die Input-Neuronen verarbeiten die eingegebenen Daten und geben diese gewichtet an die nächste Schicht weiter.[5]

Verborgene Schicht

Diese Schicht befindet sich zwischen der Eingabe- sowie Ausgabeschicht. Im Gegensatz zu den anderen beiden Schichten, kann die verborgene Schicht mehrere Ebenen von Neuronen enthalten. Die empfangenen Informationen werden in dieser Schicht erneut gewichtet und anschließend von Neuron zu Neuron bis zur Ausgabeschicht weitergeleitet. Die genaue Verarbeitung der Daten ist nicht einsehbar, weshalb diese Schicht als *verborgen* bezeichnet wird. Während die eingehenden und ausgehenden Daten in der Ein- und Ausgabeschicht sichtbar sind, bleibt der innere Bereich des neuronalen Netzes im Wesentlichen eine Black Box.[6]

Ausgabeschicht

Die Ausgabeschicht bildet die letzte Ebene des neuronalen Netzes. Die Output-Neuronen enthalten die resultierende Entscheidung, die den Informationsfluss repräsentiert.[7]

2.2 Rekurrenter Neuronaler Netzwerke

Bei Rekurrenten Neuronalen Netzwerke handelt es sich um eine Art von künstlichen neuronalen Netzwerken. Diese sind für die Verarbeitung sequenzieller sowie zeitlicher Daten konzipiert. Diese Form von Deep-Learning-Algorithmen finden in den Bereichen der Sprachübersetzungen, natürliche Sprachverarbeitung, Spracherkennung sowie Bildunterschriften ihre Anwendung, wie beispielsweise in Siri oder Google Translator.[8]

---

[4] Vgl. (Wuttke, o.J.)
[5] Vgl. (Lang, 2022 S. 204)
[6] Vgl. ebd.
[7] Vgl. ebd.
[8] Vgl. (Matzka, 2021 S. 128)

Neben Rekurrenten Neuronalen Netzwerken gibt es weitere Deep-Learning-Algorithmen wie das Feedforward- oder das Convolutional Neural Network. Die Gemeinsamkeit der neuronalen Netzwerke ist die Form wie der Algorithmus lernt, nämlich in Form von Trainingsdaten. Rekurrente Neuronale Netzwerke unterscheiden sich jedoch in ihrer Fähigkeit, Informationen aus einer vorherigen Eingabe zu speichern und als Input zu nutzen, um die aktuelle Eingabe sowie Ausgabe zu beeinflussen. Im Gegensatz zu Feedforward-Neuronal-Network wird nicht davon ausgegangen, dass Eingaben und Ausgaben unabhängig voneinander sind. Sondern berücksichtigt RNNs, die vorherigen Elemente innerhalb einer Sequenz, um die Ausgabe zu generieren.[9] Obwohl zukünftige Ereignisse theoretisch bei der Vorhersage einer bestimmten Sequenz hilfreich wären, können unidirektionale RNNs diese Ereignisse nicht berücksichtigen. Zur Veranschaulichung kann folgendes Beispiel gewählt werden: Das Idiom „sich nicht wohl fühlen", welches dafür verwendet wird eine Krankheit zu beschreiben, setzt sich aus einer bestimmten Reihenfolge zusammen damit es einen Sinn ergibt. Folglich müssen RNNs die Position jedes Wortes im Idiom berücksichtigen, um das nächste Wort innerhalb dieser Sequenz vorherzusagen.[10]

Anhand der Anwendung von Textübersetzungen lässt sich der Aufbau eines RNNs verdeutlichen: Die Übersetzung mittels Rekurrenten Neuronalen Netzen findet Wort für Wort statt, ohne dass der Zusammenhang vernachlässigt wird. Die Ausgabe y_t wird mithilfe der Eingabe x_t sowie den Informationen $a_{(t-1)}$ vorhergesagt. Die folgende Abbildung zeigt schematisch den Aufbau des Algorithmus.[11]

---

[9] Vgl. (Ertel, 2021 S. 292 ff.)
[10] Vgl. (Hecker, et al., 2020 S. 183)
[11] Vgl. (Maisch, 2021)

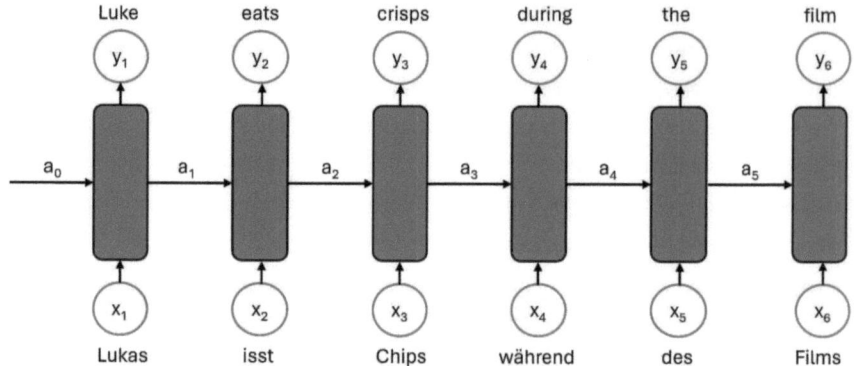

Abbildung 2: Beispiel Aufbau eines Rekurrenten Neuronalem Netzwerk[12]

Das Wort an der dritten Stelle (crisps) wird zum einen übersetzt aus dem deutschen Wort *Chips* sowie zum anderen aus den Informationen aus den vorherigen Wörtern. Es werden zusätzlich Informationen übermittelt, um den Kontext des Satzes zu bilden. Schließlich kann das Wort *Chips* verschiedene Bedeutungen aufweisen, wie beispielsweise als Synonym für Platinen in Computern. Durch die Informationen der vorherigen Worte muss es sich um ein Lebensmittel handeln.[13]

2.3 Historische Entwicklung

Die Entwicklung der neuronalen Netze hat bereits im Jahr 1943 begonnen. Durch Warren S. McCulloch sowie Walter Pitts Arbeit, in der sie die Funktionsweise neuronaler Netze erforschten. Sie verglichen Neuronen mit einem binären Stellenwert (Wert 0 oder 1; wahr oder falsch) und stellten somit eine Verbindung zwischen Neuronen und Boolescher Logik her. Der nächste Meilenstein in der Geschichte der künstlichen Netze wurde durch Frank Rosenblatt im Jahr 1958 gesetzt. Ihm wird die Entwicklung des Perzeptrons zugeschrieben. Er führte die Arbeit seiner Vorgänger fort und fügte eine Gewichtung der Gleichung hinzu. Dadurch war es einem Computer möglich zu lernen, links markierte Karten von rechts markierten Karten zu unterscheiden.[14]

---

[12] Eigene Darstellung in Anlehnung an (Maisch, 2021)
[13] Vgl. (Maisch, 2021)
[14] Vgl. (Koch, o.J.)

Im Jahr 1986 zeigte Hinton, dass ein Lernalgorithmus automatisch tiefe Neuronen zu Detektoren für Muster im Input trainiert. Die Neuronen in den Schichten konnten nach dem Training anfangs auf einfache Kanten im Input-Bild sowie später auch auf komplexere Objekte wie Katzen reagieren. Yann LeCun demonstrierte die Verwendung von Einschränkungen bei der Rückwärtspropagierung, um neuronale Netze zu trainieren. In seiner Arbeit konnte ein neuronales Netz, handgeschriebene Postleitzahlen erfolgreich erkennen.[15]

2.4 Trainingsmethoden

2.4.1 Gradientenverfahren

Grundlegend ist das Ziel einer künstlichen Intelligenz, einen Algorithmus zu entwickelten, der anhand von Eingabewerten eine präzise Vorhersage trifft, die dem tatsächlichen Ergebnis möglichst nahekommt. Die Abweichung zwischen Vorhersage sowie Realität wird durch eine Verlustfunktion quantifiziert. Die Funktion wandelt die Differenz in einen mathematischen Wert um. Das Gradientenverfahren wird angewendet, um das Minimum dieser Verlustfunktion zu finden, da dies den optimalen Trainingszustand des Modells kennzeichnet. Durch das Training des Algorithmus wird eine hohe Vorhersagequalität erreicht. Das RNN passt in jedem Trainingsschritt die Gewichtung der einzelnen Neuronen an, um möglichst nahe am tatsächlichen Wert zu liegen. Das am häufigsten verwendete Verfahren ist das *Gradientenverfahren*.[16]

In der Analysis wird das Minimum sowie Maximum durch das Nullsetzen der ersten Ableitung bestimmt. Die zweite Bedingung eines Minimums oder Maximums ist die Überprüfung der zweiten Ableitung, ob diese an derselben Stelle ungleich Null ist. Jedoch kann diese Rechnung in diesen mathematischen Dimensionen nicht umgesetzt werden. In einem neuronalen Netzwerk können mehrere Millionen an Neuronen mit entsprechend vielen Variablen vorhanden sein. Um diese genau zu berechnen, würde eine erhebliche Menge an Rechenzeit sowie Ressourcen benötig. Aus diesem Grund wird ein Näherungsverfahren angewendet, um in kürzerer Zeit das Minimum oder Maximum zu bestimmen.[17]

---

[15] Vgl. (Koch, o.J.)
[16] Vgl. (Buss, et al., 2017 S. 90 ff.)
[17] Vgl. (Data Base Camp, 2021)

Das mathematische Prinzip, welches besagt, dass der Gradient einer Funktion in die Richtung zeigt, in der die Funktion am stärksten ansteigt, findet in diesem Verfahren Verwendung. Wird in entgegengesetzter Richtung des Gradienten gegangen, fällt die Funktion am steilsten ab.[18]

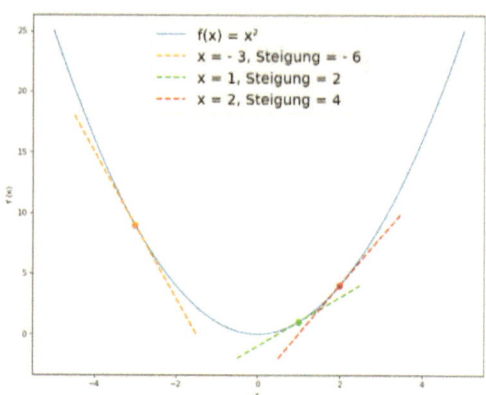

Abbildung 3: Beispiel Gradientenverfahren[19]

Am Beispiel der Funktion $f(x) = x^2$ werden die Tangenten an verschiedenen Stellen gezeichnet. Ist die Ableitung der Funktion an Stelle x negativ, wird in positive x-Richtung angenähert. Ist die Ableitung der Funktion an Stelle x positiv, wird in negative x-Richtung angenähert. Nach diesem Prinzip gibt der Gradient zwar die Richtung vor, jedoch nicht die Schrittweite. Dazu wird eine Learning Rate benötigt, die bestimmt wie groß jeder Schritt sein soll. Dieser ist in der Regel ein konstanter Wert wie beispielsweise 0,001. Eine zu geringe Lernrate benötigt eine längere Zeit, um das Minimum zu bestimmen als eine höhere Lernrate. Jedoch könnte bei der höheren Lernrate das Ziel verfehlt werden. Der Erfolg des Modells erfordert die experimentelle Bestimmung dieses Hyperparameters.[20]

---

[18] Vgl. (Data Base Camp, 2021)
[19] (Data Base Camp, 2021)
[20] Vgl. (Ertel, 2021 S. 311)

2.4.2 Teacher Forcing

Teacher Forcing ist eine weiter Trainingsmethode, die bei Rekurrente Neuronale Netze sowie bei weiteren Sequenz-zu-Sequenz-Modellen angewendet wird. Es eignet sich besonders für das Training von Anwendungen wie beispielsweise Sprachmodellierungen, Übersetzungen und Textgenerierung. Im Trainingsprozess wird anstatt der eigenen vorherigen Ausgabe des Modells als Eingabe für den nächsten Zeitschritt die tatsächliche Ground-Truth-Ausgabe aus den Trainingsdaten verwendet. Diese Methode soll den Algorithmus unterstützen die richtige Reihenfolge von Ausgabetoken effizient zu erlernen sowie den Trainingsprozess zu stabilisieren. Die Vorteile die sich bei der Verwendung von Teacher Forcing ergeben sind neben einer schnelleren Konvergenz sowie einem stabilisierten Training auch eine verbesserte Leistung. Ein potenzielles Problem, welches auftreten kann, ist eine minderwertige Leistung während der Validierung bzw. beim Testen. Werden keine Korrekturen vorgenommen, können keine vergleichbaren Ergebnisse wie beim Training erzielt werden.[21]

2.5 Problematik der RNNs

Durch die Verwendung des Gradientenverfahrens als Trainingsmethode, kann es dazu kommen, dass der Gradient entweder sehr kleine Werte nahe Null (verschwindender Gradient) oder sehr große Werte nahe unendlich (explodierender Gradient) annimmt. In beiden Fällen können die Gewichtungen der Neuronen während der Backpropagation nicht angemessen angepasst werden, da sich die Gewichtung entweder kaum ändert oder mit einem großen Wert multipliziert wird, sodass numerische Stabilitätsprobleme auftreten. Die vielen Verbindungen in Rekurrenten Neuronalen Netzwerken begünstigen die Auftrittswahrscheinlichkeit dieser Probleme, als bei herkömmlichen Feedforward-Netzwerken.[22]

---

[21] Vgl. (SaturnCloud, o.J)
[22] Vgl. (Sonnert, 2022)

Verschwindender Gradient (vanashing Gradient)

Dieser Fehlertyp beschreibt, dass der Gradient während des Trainings gegen Null strebt (Werte kleine als 1). Dadurch kann das RNN nicht effektiv aus den Trainingsdaten lernen und führt zu einer Unteranpassung. Die Berechnungen sind in hoher Abhängigkeit zu den initialen Gewichtungen. Ein unterangepasstes Modell funktioniert in der Praxis nicht optimal. [23]

Explodierender Gradient (exploding Gradient)

Ein explodierender Gradient tritt auf, wenn der Gradient exponentiell ansteigt, bis das System instabil wird. Durch diese Instabilität ist kein zielführendes Training mehr möglich. Bei zu hohen Gradienten verhält sich das RNN unvorhersehbar und führt zu Leistungsverlusten wie Überanpassung. Es werden Werte berechnet, die den Bereich des verwendeten Datentyps überschreiten, welches zu einem Überlauf führt.[24]

3 Diskussion der verschiedenen Arten von RNNs

3.1 Bidirektionale Rekurrente Neuronale Netze (BRNN)

Die Bidirektionalen Rekurrenten Neuronalen Netze sind eine Variante der Netzarchitektur von RNNs. BRNNs verwenden frühere sowie zukünftige Daten, um ihre Genauigkeit zu verbessern. Im Gegensatz zu den unidirektionalen RNNs, die lediglich auf vorherigen Eingaben zurückgreifen.[25] Dadurch ist es diesem neuronalen Netzwerk möglich bei dem ebengenannten Idiom „sich nicht wohl fühlen" eine bessere Vorhersage zu treffen, dass das zweite Wort „nicht" ist, wenn dem System bekannt ist, dass das letzte Wort „fühlen ist.[26]

3.2 Gated Recurrent Units (GRUs):

Die GRUs ähneln der Long Short-Term Memory (LSTM) insofern, dass es sich mit dem Problem des Kurzzeitgedächtnisses befasst. Anstelle eines „Zellzustands", der die Information reguliert, verwenden sie verdeckte Zustände.[27]

---

[23] Vgl. (Werner, 2021)
[24] Vgl. ebd.
[25] Vgl. (Laskowski, 2021)
[26] Vgl. (IBM, o.J)
[27] Vgl. (Luber, 2022)

Ein GRU weist zwei Gates auf: ein Reset-Gate und ein Update-Gate. Die beiden Gates kontrollieren welche Information gespeichert werden sollen und in welcher Anzahl.[28]

3.3 Long Short-Term Memory (LSTM)

Diese Variante der RNNs findet am häufigsten Anwendung und ist somit die populärste RNN-Architektur. Das Problem der verschwindenden Gradienten wird durch ein LSTM gelöst. Sepp Hochreiter sowie Jürgen Schmidhuber sind die Entwickler dieser Architektur und befassen sich in ihrem Paper mit der Herausforderung langfristiger Abhängigkeiten, bei denen der vorherige Zustand, der die aktuelle Vorhersage beeinflusst nicht unmittelbar in der jüngsten Vergangenheit liegt. In dem Beispiel der IBM - "Alice ist allergisch gegen Nüsse. Sie kann keine *Erdnussbutter* essen." – soll das kursiv geschriebene Wort vorhergesagt werden. Dem System hilft der Kontext der Nussallergie, dass das unverträgliche Lebensmittel Nüsse enthält. Diese Information liegt jedoch eine Sequenz zurück, dadurch ist es für RNN nicht möglich diese Information zu verknüpfen. Um dieses Problem zu lösen, wird ein längeres Kurzzeitgedächtnis benötigt.[29] Im folgenden Kapitel wird näher auf diese Architektur eingegangen.

4 Long Short-Term Memory - LSTM

Wie bereits erwähnt liegt die Herausforderung bei Rekurrenten Neuronalen Netzen darin, dass diese zwar über ein Kurzzeitgedächtnis verfügen (innerhalb einer Sequenz), jedoch diese Fähigkeit bei längeren Sequenzen abnimmt. Eine Lösung wird im Long Short-Term Memory eingeführt, um die vergangenen Informationen längerfristig zwischenzuspeichern. Das LSTM-Modell behält selektive Informationen im Langzeitgedächtnis, welches im sogenannten *Cell State* abgelegt ist. Neben dem Langzeitgedächtnis gibt es auch den *Hidden State*, der als Kurzzeitgedächtnis fungiert und die gleiche Funktion aufweist wie das herkömmliche RNN. Aus diesem Grund wird dieser Aufbau *Long Short-Term Memory* genannt, zu Deutsch Langes Kurzzeitgedächtnis.[30]

---

[28] Vgl. (Luber, 2022)
[29] Vgl. (IBM, o.J)
[30] Vgl. (Hecker, et al., 2020 S. 189)

In jedem Berechnungsschritt werden der aktuelle Input $x_{(t)}$, der vorherige Zustand des Kurzzeitgedächtnisses $c_{(t-1)}$ sowie der vorherige Zustand des Hidden States $h_{(t-1)}$ verwendet.[31]

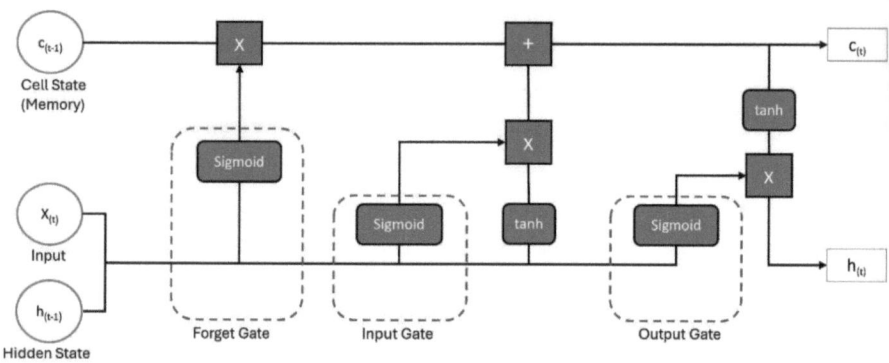

Abbildung 4: LSTM Architektur[32]

Die Abbildung 4 zeigt die Architektur eines LSTM. Für die Bildung des neuen Cell State sowie Hidden State werden insgesamt 3 Gates benötigt.

1. Das Forget Gate entscheidet, welche aktuellen und vorherigen Informationen behalten sowie welche verworfen werden. Dafür werden der vorherige Hidden State $h_{(t-1)}$ sowie der aktuelle Input $x_{(t)}$ berücksichtigt. Das Ergebnis wird durch eine Sigmoid-Funktion geleitet.[33] Diese Funktion gibt Werte zwischen 0 sowie 1 aus. Wenn der Wert gleich 0 ist, kann die vorherige Information vergessen werden. Bei einem Wert gleich 1 kann die Information behalten werden. Die resultierenden Werte werden mit dem aktuellen Cell State $c_{(t-1)}$ multipliziert.[34]

---

[31] Vgl. (Data Base Camp, 2022)
[32] Eigene Darstellung in Anlehnung an (Data Base Camp, 2022)
[33] Vgl. (Hecker, et al., 2020 S. 189)
[34] Vgl. (Data Base Camp, 2022)

2. Das Input Gate bestimmt die Relevanz des aktuellen Inputs für die Lösung der Aufgabe. Dazu wird der aktuelle Input mit dem Hidden State und der Gewichtsmatrix des vorherigen Durchlaufs multipliziert. Anschließend werden die als wichtig erachteten Informationen mit dem Cell State addiert, um den neuen Cell State $c_{(t)}$ zu bilden. Dieser neue Cell State repräsentiert das aktuelle Langzeitgedächtnis und wird im nächsten Schritt verwendet. [35]

3. Das Output Gate berechnet den Output des LSTM-Modells im Hidden State. Je nach Anwendung kann der Datentyp des Outputs variieren. Beispielsweise könnte es ein Wort sein, welches die Bedeutung eines Satzes vervollständigt. Durch die Sigmoid-Funktion wird entschieden, welche Informationen durch das Output Gate übertragen werden. Anschließend wird der Cell State aktiviert und mit der tanh-Funktion multipliziert, um den finalen Hidden State zu erhalten. [36]

---

[35] Vgl. (Data Base Camp, 2022)
[36] Vgl. (Hecker, et al., 2020 S. 189 ff.)

5 Fazit

Die vorgelegte Ausarbeitung behandelt die Grundlagen von Deep Learning sowie von Rekurrenten Neuronalen Netzen. Deep Learning ist ein Teilbereich des Maschinellen Lernens und umfasst Künstliche Neuronale Netze (KNN). Die KNNs sind dem menschlichen Gehirn nachempfunden und weisen eine vielfältige Anwendung in der digitalen Welt auf. Durch die Verarbeitung verschiedener Datentypen können komplexe Aufgaben gelöst werden und sind ein wichtiger Bestandteil von Sprachmodellierungen. Rekurrente Neuronale Netze sind unteranderem eine Form der Architektur einer KNN. Diese sind darauf spezialisiert, sequenzielle sowie zeitliche Daten zu verarbeiten. Die angewendeten Algorithmen unterscheiden sich in der Funktion, dem Anwendungsbereich sowie der Trainingsmethode.

Diese Arbeit stellt zwei Trainingsverfahren vor und fokussiert dabei das Gradientenverfahren. Das Verfahren wird genutzt, um jeweils das Minimum sowie Maximum einer Funktion effizient zu berechnen. Dabei wird auf ein mathematisches Grundprinzip zurückgegriffen, welches besagt: der Gradient einer Funktion zeigt in die Richtung, in der die Funktion am stärksten ansteigt. Dadurch ist es dem Algorithmus möglich, in kurzer Zeit und mit wenigen Rechenressourcen sich dem Maximum sowie dem Minimum anzunähern. Die Grenzen des Systems sind dabei die Phänomene des verschwindenden Gradients sowie des explodierenden Gradients.

Des Weiteren werden weitere Arten von RNNs vorgestellt. Bidirektionale Rekurrente Neuronale Netze, Gated Recurrent Units sowie die Long Short-Term Memory haben die Gemeinsamkeit, dass die Neuronen innerhalb einer Sequenz miteinander verbunden sind und somit eine Rückpropagation ermöglicht. Die Besonderheit bei der LSTM ist das lange Kurzzeitgedächtnis. Es ist möglich, dass auf vergangene Informationen zurückgegriffen werden kann, die bereits eine oder mehre Sequenzen zurückliegt.

Insgesamt bietet das Assignment einen Überblick über die Grundlagen von Deep Learning und RNNs sowie deren Anwendungen und Herausforderungen. Dem Leser wird ein Einblick gewährt in welche Themenbereiche sich das Deep Learning differenziert sowie in die grundlegende Funktionsweise der dargestellten Künstlichen Neuronalen Netzwerke. Jedoch ist diese Ausarbeitung inhaltlich begrenzt. Die angesprochenen Themen werden oberflächig behandelt und werden nicht bis in die Tiefe erläutert.

Aufgrund der Aufgabenstellung kann zwar ein Fokus auf rekurrente Netze, insbesondere auf LSTM gesetzt werden, jedoch ist die Darstellung der grundlegenden Theorie notwendig für ein allgemeines Verständnis dieser Arbeit. Inhaltlich muss sich auf das Wesentliche begrenzt werden, sodass der vorgegebene Umfang eingehalten werden kann. Im Rahmen einer weiteren Studienarbeit, kann auf diese bestehende aufgebaut werde, um die erforderliche Detailtiefe zu erreichen.

6 Ausblick

Trotz des erreichten Fortschritts in dem Bereich des Deep Learnings bestehen Herausforderungen der Systemgrenzen, die zu lösen sind sowie weitere potenzielle Forschungsrichtungen, die es zu erkunden gilt.

Ein vielversprechender Ansatz für zukünftige Forschungen ist weiterhin die Verbesserung der Trainingsmethoden für RNNs. Neue Optimierungsalgorithmen sowie Regularisierungstechniken könnten dazu beitragen, die Stabilität sowie Konvergenz während des Trainings weiter zu verbessern.

Darüber hinaus bietet die Anwendung von RNNs in verschiedenen Anwendungsbereichen wie der Sprachverarbeitung, der Bilderkennung und der Zeitreihenanalyse weiterhin zahlreiche Möglichkeiten für innovative Forschung. Durch die Exploration neuer Anwendungsgebiete und die Entwicklung maßgeschneiderter RNN-Modelle können wir ein tieferes Verständnis für die Funktionsweise dieser Netzwerke gewinnen und ihre Leistungsfähigkeit in der Praxis weiter verbessern.

Insgesamt bietet das Feld des Deep Learning und der Rekurrenten Neuronalen Netzwerke ein spannendes Forschungsgebiet mit großem Potenzial für zukünftige Entwicklungen und Innovationen. Die Fortsetzung der Forschung auf diesen Gebieten können dazu beitragen, die Grenzen des Machbaren im Bereich des maschinellen Lernens weiter zu erweitern und neue Lösungen für komplexe Probleme zu finden.

Literaturverzeichnis

Buss, Martin und Schröder, Dierk. 2017. *Intelligente Verfahren.* Wiesbaden : Springer, 2017.

Data Base Camp. 2021. Gradientenverfahren. *databasecamp.de.* [Online] 2. November 2021. [Zitat vom: 23. März 2024.] https://databasecamp.de/ki/gradientenverfahren-einsteiler-abstieg.

—. 2022. Long Short-Term Memory Networks (LSTM). *databasecamp.de.* [Online] 4. Juni 2022. [Zitat vom: 23. März 2024.] https://databasecamp.de/ki/lstm.

Ertel, Wolfgang. 2021. *Grundkurs Künstliche Intelligenz.* Wiesbaden : Springer, 2021.

Hecker, Dirk und Paaß, Gerhard. 2020. *Künstliche Intelligenz.* Wiesbaden : Springer, 2020.

IBM. o.J. RNN-Architekturvarianten. *www.ibm.com.* [Online] o.J. [Zitat vom: 23. März 2024.] https://www.ibm.com/de-de/topics/recurrent-neural-networks.

Koch, Robert. o.J.. Die Geschichte des maschinellen Lernens – eine Zeitreise. *clickworker.de.* [Online] o.J. [Zitat vom: 25. März 2024.] https://www.clickworker.de/kunden-blog/geschichte-des-maschinellen-lernens/.

Lang, Volker. 2022. *Digitale Kompetenz.* Wiesbaden : Springer, 2022.

Laskowski, Nicole. 2021. Rekurrentes neuronales Netz. *computerweekly.com.* [Online] 1. September 2021. [Zitat vom: 25. März 2024.] https://www.computerweekly.com/de/definition/Rekurrentes-neuronales-Netz-RNN.

Luber, Stefan. 2022. Was ist eine Gated Recurrent Unit (GRU)? *bigdata-insider.de.* [Online] 7. Juli 2022. [Zitat vom: 25. März 2024.] https://www.bigdata-insider.de/was-ist-eine-gated-recurrent-unit-gru-a-d07bda28c3535c198d783b16a35ed9bb/.

Maisch, Nicolai. 2021. Rekurrente Neuronale Netze leicht erklärt – Teil 1. *www.tecislava.com.* [Online] 28. November 2021. [Zitat vom: 23. März 2024.] https://www.tecislava.com/blog/rnn-1.

Matzka, Stephan. 2021. *Künstliche Intelligenz in den Ingenieurswissenschaften.* Wiesbaden : Springer, 2021.

SaturnCloud. o.J. Teacher Forcing. *saturncloud.io.* [Online] o.J. [Zitat vom: 25. März 2024.] https://saturncloud.io/glossary/teacher-forcing/.

Sonnert, Daniel. 2022. *Neuronale Netze kompakt.* Wiesbaden : Springer, 2022.

Werner, Martin. 2021. *Digitale Bildverarbeitung.* Wiesbaden : Springer, 2021.

Wuttke, Laurenz. o.J.. Künstliche Neuronale Netzwerke. *datasolut.com.* [Online] o.J. [Zitat vom: 23. März 2024.] https://datasolut.com/neuronale-netzwerke-einfuehrung/.